Markus Daumüller

In der Hölle (?)

Meine Klasse. Eine Liebeserklärung.

Bibliographische Information der Deutschen Nationalbibliothek. Die Deutsche Nationalbibliothek verzeichnet diese Publikation in der Deutschen Nationalbibliografie. Detaillierte bibliografische Daten sind im Internet über dnb.dnb.de abrufbar.

TWENTYSIX

Eine Marke der Books on Demand GmbH

© 2021 Markus Daumüller

Herstellung und Verlag:

BoD - Books on Demand, Norderstedt

ISBN 9783740785581

In der Hölle (?)

Meine Klasse. Eine Liebeserklärung.

Alle Namen sind Phantasienamen

In der Hölle (?)

Meine Klasse. Eine Liebeserklärung.

1. Hölle

Mit dem Rückblick aus der neuropsychologischen Reha ist Hölle ein relativer Begriff. Ob die Gesichter, die ich vor mir hatte, diesen Begriff rechtfertigen, mag ich mir nicht ausmalen. Kollegen hatten gesagt, dass sie in Pension gehen, wenn sie diese Klasse noch einmal unterrichten müssten. Das war also die pädagogische Hölle: Ein dicker Junge, der eindringlich blickt und in seiner eigenen Welt lebt, ein 1,94 Kind, das unsicher war, aber in der Ironie voll aufging. Der Dicke und der Lange nannten sich das Nilpferd und die Giraffe. Anton war ein Zappelphilipp. Er saß da und hatte eine tierische Freude daran, andere zur Weißglut zu treiben durch Bewegungen und Geräusche. Sophie war eine naive Hauptschülerin. Anna brachte die Jungs um den Verstand. Beide waren die guten Seelen des Zoos. Mustafa hatte einen Ehrgeiz in Mathematik. Alle wollten auf ihre Art etwas erreichen. Aber sie standen sich selbst im Weg.

Diese Truppe war spannend. Sie weckte meinen pädagogischen Ehrgeiz. Ich merkte: Sie brauchten Freiheit. Jemand, der sie domestizieren möchte, ist hier völlig fehl am Platz. Die Losung *Die brauchen Regeln* hatte dazu geführt, dass sie Regeln nur noch lachhaft fanden. Ehrlich gesagt imponierte es mir, wie sich die Schüler auf der Metaebebene über die Regeln, die sie zu domestizieren versuchten, lustig machten.

Alle hatten etwas drauf. Doch weder konnten sie sich artikulieren noch waren sie gewillt, nach den schulischen Regeln zu arbeiten. War das die Hölle? Oder war das eine pädagogische Aufgabe? Wir hatten gleich einen Draht zueinander. Sie empfanden es als eine Erleichterung, dass endlich jemand mit ihnen redete, und nicht nur zu ihnen. Dies war der Beginn einer pädagogischen Liebesbeziehung. Ihre Originalität war von wiederkehrender Schlagfertigkeit. Auf eine seltsame Weise sahen diese Jugendlichen in mir keinen Lehrer, sondern einen Fachwissenschaftler, Professor und Clown zugleich. Ich nahm es ihnen nicht übel, weil ich der Meinung war, dass Fachlichkeit immer nur im Rahmen einer pädagogischen Interaktion unterzubringen war. Genau dann konnte man sie in andere Ebenen des Denkens führen. Sie waren Wilde, die nach einer Kultivierung ihrer Originalität lechzten. Niemand hatte verstanden, dass sie genau danach strebten. Sarkasmus war ihr Metier. Doch man musste aufpassen, dass sie sich nicht über alles lustig machten. Die Trennlinie zwischen Denken und Sarkasmus konnte nicht scharf genug sein. Ernsthaftigkeit und Spaß waren zwei Seiten derselben Medaille. Man kam nicht umhin, sich aufzureiben. Das Nilpferd z.B. hatte keine Lust auf intellektuelle Anstrengung. Neben ihm saß der kleine Rumäne, der vierstündige Mathearbeiten durchschrieb und nie schlechter als eins hatte.

Wenn man ihnen Konter gab, kam kein einziges Mal die Frage *Darf ein Lehrer sowas?* Und wenn, dann nur lustigerweise. Daran hatte Sie Freude. Denn natürlich machte ich es einfach trotzdem, sie zu beleidigen oder lustig durch den Schmutz zu ziehen. Es war ein pädagogisches Menetekel, ein Tanz auf dem Hochseilakt. Niemand wusste, wohin das führen sollte. Aber ich hatte das erstrebenswerte Ziel, alle durch die Prüfung zu kriegen. Mein Eulenspiegel Projekt hatte begonnen. Willkommen in der Hölle.

Wenn ich mich genau erinnere, hatten sie nach außen eine grobschlächtige Manier, aber auf eine seltsame Weise war die Zärtlichkeit untereinander immer präsent. Wie kann es sein, dass man 24 Kinder einfach verloren gegeben hat? Denn dass hier Potential schlummerte, war offensichtlich. Ihre Erwiderungen und Sprüche waren intelligent und von einer nicht endenden Freude am humorvollen Beleidigen geprägt. Es braucht eine gewisse Nonchalance, dieses zärtliche Beleidigen als eine Klassengemeinschaftsgröße zu akzeptieren. Was man aber strikt voneinander trennen musste, war der Flow in diesem Beleidigen von der Fähigkeit eine Prüfung zu bestehen. Wie kann man dafür sorgen, dass beides füreinander fruchtbar gemacht wird? Das war das große Geheimnis der pädagogischen Herausforderung.

Wie viel wollen wir investieren, damit aus Comicfiguren Menschen werden? Wie viel Energie wollen wir dafür aufwenden nachzuforschen, wie viel Potential im Nichtangepasstsein steckt? Ihre unkonventionelle Grobschlächtigkeit machten mir Angst und Freude zugleich.

Sie sagten zu einem pummeligen, pickligen Jungen, dass er der Schönste der ganzen Klasse sei. Dies wurde zu einem Running Gag im Alltag? Ist das Mobbing? Oder ein Spiel mit den Schwächen des anderen? Muss man so etwas unterbinden? Oder ist es der Klebstoff der Gruppe, eine Art Zusammengehörigkeitsgefühl? Ich war übrigens der Zweitschönste, festgehalten in Comiczeichnungen an der Tafel, Brille, Krawatte, Locken, ein Brad Pitt der Intellektuellen. Das war ihre Art der Liebesbekundung. Man kann sich darüber aufregen. Man kann aber auch lächeln. Es war der Beginn einer erfolgreichen Beziehung.

Paul zum Beispiel war ein fröhlicher Junge. Sein Vater, der Klaus, arbeitete oft auf dem Dachboden, und die Katze hasste ihn. Immer öfter bestanden Grußformeln in E Mails aus Grüßen vom Dachboden. Paul kam oft fröhlich die Treppe hinauf und rief: *Moin Markus!* Ich ließ es geschehen und zog ihn meinerseits damit auf, dass er wohl zu viel Doc Caro Filme sehen würde, die ihm in den Fingern unter der Bettdecke etwas verrutscht sind.

Woher die spannende Trostlosigkeit rührte, konnte sich keiner erklären. Ihre Eltern hatten gute Berufe. Sie arbeiteten in der Epigenik, einem Ableger der SAP oder waren freie Handwerker, die sehr erfolgreich waren. Niemand wäre auf die Idee gekommen, eine Nachlässigkeit im Elternhaus zu vermuten. Es war ein Konglomerat, das man nicht entziffern konnte. Wenn man ihnen einzeln begegnete, war jeder freundlich und ein höflicher Mensch. Als Horde hätte man ihnen die Köpfe einschlagen können. Wie wird man einer undefinierbaren Horde habhaft? Man hasst und liebt sie im gleichen Moment. Man möchte durchdrehen und fühlt sich herausgefordert zugleich. Man ist ganz am Anfang. Man kann nicht hergehen und sagen: Die pädagogischen Maßnahmen werden es schon richten. So eine Klasse fördert in dir das Brennen. Das Pädagogische muss im Vordergrund stehen, das Fachliche ein Teil davon werden. Nicht domestizieren, aber trotzdem Regeln schaffen, die verinnerlicht sind und nicht als außengeleitete Maßnahme empfunden werden. Potential fördern, aber die fachlichen Ansprüche nicht vergessen. Das ist die Herausforderung. Ganz in der Interaktion sein, aber die Rangfolge der Rollen nicht vergessen. Sie lieben und sie hassen, eine Rollendistanz und eine Rollenidentifikation im selben Moment. Lehrbücher sind nur der Müllhaufen der Pädagogik. Hier zieht kein Lehrbuch. Hier muss eine eigene Konstruktion des Handelns her. Dieses System eines inadäquaten Gruppenverhaltens kann man nicht erklären. Aber es war genau dieser Gegensatz, der die Herausforderung auf die Spitze trieb. Die Ambiguität zwischen asozialem Verhalten und Liebenswürdigkeit war das Quäntchen Pädagogik, auf das man aufspringen musste. Es war nicht nur ein schwieriger Haufen. Man musste dieses Problem einer völlig anderen Welt lösen, das sich vor einem auftat. Man tauchte ein und wachte zunächst nicht wieder auf

Fatla bereitete es Spaß, verschwörerische Gespräche zu inszenieren. Paul lächelte bei seinem *Moin Markus* verstohlen in sich hinein, als hätte er eine meisterhafte Komik vorgelegt. Ich bewunderte seine dauerhafte Fröhlichkeit. Seine Unbekümmertheit und seine lässige Art an Sachen heranzugehen waren von einem Lebensmut begleitet, der seinesgleichen suchte. Obwohl er in Mathematik immer schlechter wurde, blieb er genauso fröhlich wie am Anfang. Ihm war bewusst, dass er mehr arbeiten musste. Ich wusste nicht, ob er es hinbekommen würde, diese Entscheidung auch umzusetzen. Aber sein

Wille war da. Seine Fröhlichkeit aber war unbekümmert. Ich empfand Bewunderung für diese Art der Weltbegegnung. Es war eine Art Reminiszenz an das Dasein. Weder Naivität noch Sorglosigkeit begleiteten dieses Gefühl. Paul war immer darauf aus, bewusste Komik zu betreiben, weil er die Wirkung als einen Teil seines erfolgreichen Komikerdaseins verstand. In einem gewissen Sinn inszenierte er sich selbst und stellte ein Gefühl dar oder eine Strategie mit der Welt umzugehen.

Dann war da noch Sergej, ein Junge aus der Nähe der Mongolei auf der Seite Russlands. Er kannte keine Grenzen, näherte sich dem Lehrer, als sei der ein Versuchskaninchen. Der Lehrer war für ihn das Objekt seiner Begierde. Er probierte sich darin aus, wie weit er gehen konnte. Eben noch auf dem Turnhallendach herumgesprungen, rief er nachts um halb eins an, um zu fragen, wie er das Formular fürs Gymnasium online ausfüllen musste. Am nächsten Morgen war ihm das weder peinlich noch hatte er ein schlechtes Gewissen. In seinem russischen Dialekt sagte er immer *Sie haben so ein wunderschönes Lächeln.* Das lockerte die Sache auf, auch wenn es vielleicht Verarschung war. Es bereitete ihm eine diebische Freude, diesen Satz so oft es ging zu wiederholen, während er mir ins Gesicht grinste. Es war sein Interesse an meiner Person. In Sergej spiegelte sich die Ambivalenz der Klasse ein zweites Mal. Er hatte barbarische Angewohnheiten, stöhnte laut in die Videokonferenzen hinein. Sein Klavierspiel war hingegen von einer dahinfließenden Schönheit. Man konnte sich dem hingeben. Auf der Abschlussfeier spielte er wie ein Gott. Sergej benutzte am meisten die Kaffeemaschine, die ich ins Zimmer gestellt hatte, um ein wenig Kultur in den Zoo zu kriegen. Er war nicht wesentlich verschieden von Paul. Sein offenes Herz und seine Art zu kommunizieren waren gespickt von der Freude daran, kleine Scherze einfließen zu lassen oder die Stimmung zu heben.

Sie hatten alle noch nichts erreicht, und trotzdem war ihr Leben auf irgendeine Art und Weise unbeschwerter als meins. Obwohl sie mich stalkten und nach und nach alles über mich wussten, inklusive dem Plastikflaschenmüllhaufen auf dem Beifahrersitz meines Mercedes, hatten sie ihre Freude an der Originalität meiner Person. Es war nicht nur Neugier, sondern eine Art Respekt, die sie vor meinen Bildungsgraden hatten.

Vielleicht hatten die zwei Seiten einer Medaille, der Müllhaufen auf dem Beifahrersitz und der Doktortitel vor dem Namen, ihre Wirkung. Dinge, die nicht zusammenpassen, eine Welt wie ihre, sich gehen lassen und sich anstrengen, Barbarei und Kultur, Erfolg haben wollen und faul sein. Das alles waren nicht nur zwei Seiten einer Medaille, sondern sie bedingten sich, die Originalität einer Person zu zeichnen. Die eigentliche Frage, nach deren Antwort ich noch immer auf der Suche war, umtrieb sie selbst: Was ist wichtig im Leben? Dabei hatten sie in mir eine Person vor sich, die ihr Leben mit Ausgleichsmechanismen meisterte: Zum Beispiel jeden Tag Kaffee trinken gehen. Das Zelebrieren solcher Exzesse rief in ihnen Verwunderung hervor, weil auf der anderen Seite die Disziplin des Arbeitens stand, was ein ganz anderes Bild ergab als der Müllhaufen auf dem Beifahrersitz. Fragten sie sich auch, wie so jemand andere erziehen will? So fanden mein „kaputtes" Leben und ihr kaputter Ruf zueinander. Das wesentliche dieses Verhältnisses lag im Spannenden des anderen. Hätte ich so eine Klasse viele Jahre früher gehabt, ich wäre ein anderer Mensch geworden. Sie legten den Finger in die Wunden deiner Schwächen und lachten darüber. Sie fanden das lustig, dass jemand tonnenweise Schokolade aß, jeden Tag ins Café ging, aber nachts um zwei E Mails schrieb und nach einem Tag Mathearbeiten korrigiert hatte. Sie bewunderten die Disziplin, die ich aufbringen konnte. Sie staunten aber auch über das Chaos, das dahinter stand. Hier mein ungenügendes Leben, dort ihr ungenügendes schulisches Angekommensein. Machen wir uns nichts vor: In vielem war der lustige Umgang eine Art Therapie für mich. Dieses Verhältnis konnten viele Kollegen nicht verstehen. Sie flippten regelmäßig aus oder hatten Unmut auf meinen Sanftmut. Sollte ich aus der Rollendistanz heraus wieder anfangen zu sanktionieren? Man verstehe mich nicht falsch. Es war keine pädagogische Symbiose, in die ich verfallen war. Sondern eine Art Projekt. Projekte können scheitern. Sie bahnen sich ihren Weg. So war das auch mit dieser Klasse. Wir konnten uns anschreien, aufziehen, necken. Wir konnten uns beleidigen und die Schwächen der anderen schonungslos offen legen. Irgendwie hat sich eingeschliffen, dass unsere Beziehung auf der ironischen Ebene einen Halt fand. Trotzdem war allen bewusst, dass hinter dieser ironischen Show eine tiefe Ernsthaftigkeit steckte, eine Artikulation von Bedürfnissen, die die schulische Struktur bislang nie bedienen konnte. Wo sie darin als Seelenlose verkauft wurden, waren sie in Wahrheit lebensmutige, unbekümmerte Individuen, die ihr eigenes Drehbuch schrieben. Dumm nur, dass in Schulen normative Drehbücher gelten. Und wenn sie die Prüfung bestehen wollten, dann konnten sie sich nicht nach ihrem Drehbuch richten.

Anna war eine aufgeklärte Person zwischen Girly und Streitschlichterin. Sie erstaunte es, wie man in dieser Klasse mit Beleidigungen um sich schmiss, obwohl man sich trotzdem mochte. Sie staunte darüber, dass diese unkonventionelle Art der Kommunikation die Distanz nicht beiseite schob, sondern den Respekt erhöhte. Sie kam vom Gymnasium, einem Ort, an dem die Normativität nicht größer sein kann, in die man die Menschen presst. In dem Aufzug zur Realschule hatte Anna alles abgelegt, was diese Etikette notwendig gemacht hatte. Sie war ganz und gar in der Realität angekommen. Sie musste sich behaupten gegenüber der Aufsässigkeit eines dicken Nico und den Gemeinheiten eines Mustafa. Sie hatte Mut, war gewitzt und morgens kam sie immer mit einem Lächeln zu spät. Sie war fasziniert von dem gegenseitigen Hin und Her, dem Fertigmachen, in dem so viel Liebesbekenntnis steckte. Ihr war nicht bewusst gewesen, dass es in der Schule eine kommunikative Ebene gibt, die weit über das Anordnungsdilemma des Gymnasiums hinaus geht. Irritiert betrachtete Anna, dass das Umswitchen vom liebevollen Beleidigen auf disziplinäre Fachlichkeit reibungslos funktionierte. Sie hatte ein gutes Gespür für richtiges und falsches Verhalten. Sie sprach es an, ohne jemals tadelig zu sein und sich zu erheben. Ihre Kritik war vor allem eine Ironisierung der Normativität, und kein Tadel. Sie brachte die Anderen dazu über sich nachzudenken.

Auch die anderen Schüler gewöhnten sich diese Fähigkeit an. Die offenkundige Zügellosigkeit war nicht mehr uferlos. Sie hatten begonnen Kontrolle darüber zu übernehmen, wann man etwas sagt und wann man etwas denkt. Morgens machten sich viele einen Kaffee und hatten das Gefühl dafür entwickelt, dass Kaffetrinken und Arbeiten keine Widersprüche sind. Die Welt ist ein Meer und sie hatten angefangen schwimmen zu üben. Ihr schulisches Verlorensein war ihnen bewusst geworden. Trotzdem schwammen sie weiter. Eine Art Selbstbehauptung inmitten der klirrenden Kälte des eiskalten Wassers. Ihr Chaos, in dem sie lebten, hat begonnen ein Äquivalent zu entwickeln. Sie hatten Respekt entwickelt gegenüber dem Arbeiten, dem Denken, dem Vorwärtskommen. So begannen sie langsam andere zu werden als die, die sie vorher waren. Aber nicht dadurch, dass ihnen jemand Schwimmen beibrachte, sondern indem sie etwas entwickelten, das den äußeren Beeinflussungen entgegenstand. Diese Art innere Disziplin machte aus ihnen andere Menschen. Sie hatten jetzt einen inneren Kompass dafür, wo sie hin wollten, also welche Werte ihnen wichtig waren. Sie begannen, sich selbst zu erziehen. Sie schrieben ihr eigenes Drehbuch. Sie waren nicht mehr Ausgelieferte. Sie wurden Menschen, die begannen sich selbst zu beobachten. Sie machten sich nicht mehr nur lustig über den Müllhaufen auf dem Beifahrersitz, sondern sie realisierten, dass derselbe Mensch ziemlich erfolgreich gewesen war, durch seine eigene Anstrengung. Dieser Prozess ihrer Selbstwerdung ist das, was man in Bildungsprozessen vergeblich sucht.

Ich erinnere mich an Oktan, der in der neunten Klasse dadurch auffiel, dass er die Lehrer in seiner plumpen Unverschämtheit auf die Palme trieb. Immer mehr wirkte er wie ein libanesisches Clan Kind. Später erkannte ich ihn nicht wieder. Voller Anstrengung, auf der Suche nach schönen Formulierungen, geht er mit feinem Gespür einer Frage nach, umkreist sie, versucht, zu einer Erkenntnis zu kommen. Oktan bewunderte ich sehr. Er ist eines dieser Kinder, das am meisten an sich gearbeitet hat und aus dem Milieu seiner Familie auszubrechen versuchte. Bildungswerte sind ihm plötzlich wichtig und nicht nur Geld. Er hat es geschafft, für sich selbst wertgeleitete Orientierung zu entfalten. *Ich schäme mich für meine Familie* hörte man von ihm immer öfter. Er hat es geschafft, sich selbst herauszuziehen aus dem Sumpf, in dem er gefangen war. Oktan war nicht in der Lage, die satirischen Kommunikationsprozesse zu verstehen und war dadurch aufgefallen, dass er immer wieder Unterrichtphasen störte. Das würde er heute nicht mehr tun. Man kann mit ihm auf

Augenhöhe kommunizieren. Er ist ernsthaft und wertgeleitet, er weiß, was er will und er ist ein Mensch geworden.

Dann gab es noch Alex. Alex ließ sich die Zöpfe machen von den Mädchen, als wäre er selbst eines. Er war von zurückhaltender Schüchternheit, seine Klugheit gab ihm eine Art überlegenes Gefühl. Er verstand sich als zurückhaltender Beobachter, der immer grinste, wenn die Beleidigungen hin und her gingen. Seine Freude war Amusement. Alex war so etwas wie die Goldmünze in der Scheiße. Seine rumänische Abstammung gab ihm zähes Durchhaltevermögen. Er war der einzige, der dem Niveau in Mathematik ohne zu zögern standhielt. Ein Juwel, das nirgendwo glänzte. Er genoss das Schauspiel, obwohl er wusste, dass er ein Teil davon war. So, wie er wirkte, traute ihm niemand etwas anderes als Korrektheit zu. Er war sehr klug. Sprachbegabt war er nicht. Die äußere Leichtigkeit, mit der Alex unter erbitterter Disziplin Mathematikaufgaben löste, war von einer anmutenden Schönheit. Zu bobachten, wie der Flow in ihm einsetzte, damit war er etwas ganz Besonderes im Zoo. *Bares für Alex* hieß die Losung, wenn er wieder einmal einem Schwachmathen beim Bewältigen der Herausforderungen half. Alex war außergewöhnlich. Nicht sehr männlich, aber straight. Wir können diese Fähigkeit nicht verstehen: Sich einfach hinzusetzen und es abzuarbeiten. In ihm verkörperte sich Zielstrebigkeit wie in einem Alien unter Wilden. Zielstrebigkeit war das, was der Gruppe abhanden gekommen war. Alex war weltoffen. Rassismus und Intoleranz hätten niemals sein Denken beeinflussen können. Er war jemand, dem man vertrauen konnte. Ich fragte ihn nicht selten um Rat in Mathematik. Weder machte er sich lustig noch wunderte er sich, dass der Lehrer ihn um Rat fragte. Es war einfach eine Zusammenarbeit. Alex war, was man Normalität nennen konnte. Wie kann man so einen Menschen beschreiben? Korrekt, aber in sich gekehrt. Darauf bedacht, Erfolg zu haben. Keine Angst, Probleme anzugehen. Mit Leichtigkeit Aufgaben lösen, aber Verständnis für das Unvermögen der Anderen haben. Man kommt nicht umhin, ihn als das Schönwetterelement in der Chaostruppe zu bezeichnen. Alex war der Wind und der Sandstrand. Inmitten der Unruhe der anderen war er die Ernsthaftigkeit. Er war nicht sehr verbindlich, trotzdem hilfsbereit. Er war in sich gekehrt, aber trotzdem kommunikativ. Er war ein besonderer Mensch. Jemand, dem man seinen Hund und sein Kind anvertrauen würde. Ein Baum im Sturm, obwohl dieses Bild einen Antagonismus zu seiner Statur darstellt.

Überhaupt war Toleranz das entscheidende Merkmal im Zoo. Auch wenn sie nach außen hin intolerant wirkten. Sie waren offen für jede Abnormalität, für jedes Auftreten. Schließlich war das das Strukturmerkmal der Gruppe. Es wäre ihnen niemals in den Sinn gekommen, jemanden wegen seiner Hautfarbe oder anderer Identifikationsmerkmale zu diskriminieren.

Karl war das Gegenteil von Alex. Die anderen nannten ihn alle Cheese. Zäh war er nicht. Sein Vater, der Professuren vertritt, erwartete von ihm Höchstleistungen, aber davon war Karl meilenweit entfernt. Man konnte die Meilen gar nicht zählen. Dafür bereitete es ihm eine riesige Freude, in Politik gute Fragen zu stellen, nachzufragen, um Systeme oder Strukturen wie z.B. die Denunziation, verstehen zu können. Fragen zu stellen war sein Metier. Zähheit nicht. Natürlich zeigte er sich offen für das Stalking seines Lehrers. Ihm kam es in den Sinn, in Wirtshäusern oder Cafés vorbeizuschauen, in denen dieser seinen Feierabend genoss. Seine Sensoren, was andere von ihm dachten, waren stets in Alarmbereitschaft. Hin und wieder bekam ich E Mails, in denen behauptet wurde, er würde gemobbt. Davon war kein einziges Mal etwas zu sehen. Überhaupt war Mobbing das Kernproblem der Jahre davor. Die Lehrkräfte vergrößerten das Problem, wo keines war und füllten das Misstrauen. Wenn etwas nicht zu Tage trat, dann war es Mobbing in dieser Klasse. Natürlich konnte man es so nennen, was äußerlich geschah, wenn man die Ironie dahinter nicht verstand.

Aber dafür war Karl zu klug. Er konnte Ebenen in der Erscheinung voneinander trennen.

Karl war sehr zuverlässig. Er wollte Leistung bringen, was oft nicht von Erfolg gekrönt war. Dennoch machte es ihn aus, dem unbändigen Drang etwas verstehen zu wollen, nachzugehen. Frage um Frage arbeitete er sich vor. Wo es den anderen egal war, welche Mechanismen hinter den Erscheinungen stecken, legte er den Finger ganz tief in die Wunde. Bis Klarheit entstand, ließ er keine Ruhe. Dieser verbissene Verstandeswille machte auch seine Persönlichkeit aus. Er war treu, pünktlich und immer zur Stelle und das Chaos bereitete ihm sichtliches Vergnügen, da es ein Beispiel war für Verworrenheit, hinter der Mechanismen wirkten. Er war ein Teil der Ironie, aber er war auch ein Teil der Sezierung. Man kann nicht sagen, was Jugendliche dazu treibt, das Äußere zu genießen und zugleich das Innere zu sezieren. Die Hartnäckigkeit, Erscheinungen auf den Grund zu gehen, bedeutete, dass Karl sich seinen Erfolg erarbeitete, und dass er zufrieden war. In seiner Hartnäckigkeit weilte auch ein Stück Ungeduld, wenn er etwas nicht verstand. So weilte jeder zwischen zwei Extremen. Dichotomie war die Struktur der Gruppe, ihr existentielles Merkmal.

2. Kaffee

Wenn man verstehen will, warum Kaffee in der Pädagogik mit schwierigen Gruppen wichtig ist, muss man sich ein paar Wochen lang anschauen, was die Schüler in diesem Klassenzimmer fabrizierten. Vom sich jagen und nass spritzen mit den Sprühflaschen der Tafel bis zur Demontage des Schulmobiliars gab es keine Aktivitäten, die abstrus genug waren, um Spaß hervorzurufen. Es gab keine Kultur – nicht der Unterhaltung, nicht der Wertschätzung gegenüber den anderen, nicht der Selbstdisziplinierung, nicht des Müßiggangs. Es waren Wilde. Sie kannten keinen Kodex der Kommunikation. Also sagte ich mir: Da stelle ich eine Kaffeemaschine rein.

Kaffeetrinken hat was Revolutionäres und Kultiviertes zugleich. Bei Sulejman wurde Kaffeetrinken oftmals verfolgt, weil in den Kaffeehäusern die Opposition ihre Pläne schmiedete. Mein Ansinnen galt der Hoffnung, dass wenn sie sich einen Kaffee machen, sie das zivilisieren würde. Sie würden sich nicht Hurensohn nennen, sondern einen Kaffee machen und sich unterhalten. Das klappte hervorragend. Die Kaffeemaschine war in irgendeiner Weise ein Vertrauensvorschuss und eine Möglichkeit, den Unterricht wie ein Seminar zu gestalten, in den man sich einen Kaffee mitnimmt. Kaffeetrinken macht erwachsen. Es hat das Potenzial, die Gemüter herunterzufahren. Kaffee lässt die Materie weniger schwierig erscheinen. Besonders häufig benutzten Simon und Sergej die Kaffeemaschine. Es wurde ihr Ritual. Versunken im Kaffee nahm das Aggressionspotenzial weiterhin ab.

Kein einziges Mal wurde die Kaffeemaschine verschmutzt hinterlassen. Neben dem Vertrauensvorschuss, dem Gefühl, erwachsen geworden zu sein und der Kultur, sich bei einem Kaffee zu unterhalten, gehörte das Kaffeetrinken auch zu den intimen Ritualen, mit der die Klasse assoziiert wurde. Andere Lehrer und Klassen sahen darin eine Disziplinlosigkeit. Sie monierten Zügellosigkeit und Regelverstoß, nicht zu trinken im Unterricht. Sie hatten vergessen, dass auf jeder wissenschaftlichen Tagung überall Getränke herumstehen und das ganz normal ist. Nur die Schule mit ihrer Reglementierungswut hatte ein Problem damit. Die Schüler nicht. Irgendwie war es morgens entspannter. Man machte sich noch schnell einen Kaffee und dann ging die Konzentration los. Der Lehrer musste nicht mehr gängeln und einfachste symbolische Zeichen setzen, dass es los geht. Auch die Befürchtung, dass viele dann aufs Klo müssen, stellte sich nicht ein. Kaffee zu trinken beim Arbeiten war ein Stück Erwachsenenwelt. Die Kaffeemaschine war zum Juwel geworden. Triumph gegenüber anderen Klassen stellte sich nicht ein. Ich hätte mir im Leben nicht träumen lassen, dass eine Kaffeemaschine ein Moment der pädagogischen Arbeit sein kann. Auch die Mädchen hatten ihre

Form der Kommunikation gefunden. In von Fatla moderierten konspirativen Gesprächen war Kaffee stets präsent. Obwohl die Kaffeemaschine ein Regelverstoß der Schule war, wurden die Schüler dadurch ernsthafter. Sie hatten erkannt, dass Denken im Unterricht Arbeit bedeutet. Ihnen war bewusst geworden, dass das Kaffetrinken nur eine Funktion für etwas anderes einnimmt und keine Freizeitveranstaltung ist. Es gab genug Schüler, die dieses Angebot nicht nutzten, weil sie nicht gern Kaffee tranken. Für den Großteil der Klasse war die Kaffeemaschine jedoch eine Art Klassenmitglied. Sie hegten und pflegten sie wie ein Haustier. Die Kaffeemaschine machte das Arbeiten in dieser Klasse zu etwas Besonderem. Die Abwechslung von Entspannung und Konzentration, von Genuss und Arbeit, von Regelverstoß und Disziplin im Denken, das wurde zur Grundlage der Ernsthaftigkeit. So wurden sie erwachsen durch einen Regelverstoß. Das war ihnen durchaus bewusst. In einem gewissen Sinn war die Kaffemaschine das Gleiche, als wenn ein Kind die Verantwortung für ein Haustier übernimmt. Man erhält Emotionen, aber man ist auch verantwortlich für etwas oder jemanden. Diese Art außengeleitete Verpflichtung war ein Regulativ ihrer Zügellosigkeit. Gleichzeitig hatte ich eine Kaffeemaschine im Zimmer. So wurden mein Kompensationsritual und ihr Hinübergleiten in die Erwachsenenwelt eins. Im Übrigen nahm auch die Konzentration zu. So konnte man am Ende urteilen, dass dieser Regelverstoß eine pädagogische Strategie war.

Auf keinen Fall unterschätzen sollte man den entstandenen Vertrauenseffekt. Die Maschine war wie ein neues Familienmitglied, das die Gruppe zusammenschweißte. Sie verschönert das Lernen und zeigt, dass es wie Arbeiten als Erwachsener ist. Ganz von alleine kauften sie Zubehör und stellten es allen zur Verfügung. Es gab kein einziges Mal Diskussionen um Geld oder Anteile oder Gerechtigkeit. Man kaufte einfach Zucker weil er fehlte (normalerweise kaufte ich alles). Oder Milch, weil sie leer war. Auch das Saubermachen ging wie von selbst. Sie behandelten die Maschine wie ein Weihnachtsgeschenk. Soviel Disziplin, wie diese Klasse bei der Maschine zeigte, hätte man aufgrund ihres sonstigen Sozialverhaltens niemals erwartet. Im reinsten Wortsinn war das eine Magic Maschine. Sie schaffte Verantwortungsgefühl, sie verband die einzelnen zu einer Gruppe und sie war als Medium des Regelverstoßes ein besonderes Geheimnis der Gemeinschaft. So verband sich das Schöne mit dem Guten. Ob der Ruf der Klasse dadurch stieg oder litt, konnte ich nicht herausfinden. Die anderen Lehrer fanden es unmöglich: Eine Brandgefahr, trinken im Unterricht, Sauerei im Klassenzimmer. Es war halt eine Methode, diese Gruppe in die Arme zu nehmen, ihnen zu zeigen, dass ich sie mag. Kollegen konnten damit nichts anfangen. Es galt ihnen als Gräuel, das über das Ziel hinaus schoss. Es war für sie wie erlaubtes Rauchen, eine Anbiederung des Lehrers. Sie hatten nicht verstanden, dass der indirekte Anreiz zur Verantwortung einen Regelverstoß notwendig machte und dass Regeln manchmal einfach egal sind, wenn man einen unbändigen Zoo in den Griff bekommen möchte.

Die Regeln des Systems waren ihnen wichtiger als das Funktionieren der Gruppe. Ignatio Silone hat einmal gesagt: Wenn der Faschismus wieder kommt, dann sagt er nicht: Ich bin der Faschismus, sondern: Ich in der Antifaschismus. Regelfaschisten sind der Grund dafür, warum schwierige Gruppen in der Schule nicht funktionieren wollen. Kaffee zu trinken ist ihnen ein Ausdruck von Ruchlosigkeit, Autorität über Regeln wichtiger als Beziehung. Ihre Klassifikation der Gruppen in aufsässige Oppositionelle und leicht Handhabbare lässt nicht zu, dass Pädagogik unkonventionell wird. Es würde ihre Grenze verwischen. Stattdessen würden sie sagen: Die brauchen Regeln. Regeln waren genau das, was der Zoo nicht brauchte. Er brauchte Vertrauen. Dazu war die Kaffeemaschine geeignet. Sie war ein technisches Gerät. Aber ihre Wirkung ging weit darüber hinaus.

3. Ironie

Was die Chaoten ausgezeichnet hat, war, dass sie zwar schlechte Noten hatten, aber einen intelligenten Humor. Feinsinnig spürten sie alle Schwächen von Autoritätspersonen auf und machten sich darüber lustig. Diese Art der Verständigung enthielt keinerlei Bösartigkeit. Es war eine Art Interessensbekundung an der anderen Person. Sich lustig zu machen über ihre Schwächen vergewisserte sie, dass auch Autoritätspersonen nicht fehlerfrei sind. Zum Beispiel nennt mich Anton einen Gartenzwerg. Ich nahm es mit Humor. Anton war dafür mein triple A –Kind: ADHS, Autist, Arschlochkind. Er war versessen darauf, die Grenzen der liebevollen Beleidigung zu überschreiten. Er genoss es, bis in Details den Finger in die Wunde zu legen. Er war derjenige, der es nicht schaffte, umzuswitchen zwischen Arbeit und Ironie. In der Ironie ging er voll auf. Seine scharfsinnige Beobachtungsgabe und gemeinen Äußerungen waren originell, von einer stichhaltigen Wahrheit. Er konnte Personen, Autoritäten vollständig durchschauen. Seine Bezeichnungen verbanden Sarkasmus und Wahrheit. Die Schüler gaben sich untereinander die verschiedensten Zuschreibungen. Jede dieser Zuschreibungen war von Gehässigkeiten geprägt. Und von Realität. Böse Zungen behaupteten, Anton sei mein Sohn. Es bereitete ihnen Freude, kleine Gemeinheiten loszuwerden. Die Ironie entpuppte sich als das Band zwischen Lehrer und Schüler. Beide legten die Schwächen der anderen offen, ohne dabei abschätzig zu werden. Es war einfach ein Spiel und lockerte den Unterricht nachhaltig auf. Wenn Schüler erkennen, dass Lehrer Menschen mit Schwächen sind, dann entwickeln sie eine ganz andere Beziehung zur Institution Schule. Sie sehen, es gibt auch Menschen dort und nicht nur Regeln. Die wesentliche Erkenntnis des liebevollen Beleidigens in ironischer Form ist, dass Schule mehr sein kann als ein Verfahren.

Mustafa z.B. war ein Junge von nicht überspringender Intelligenz. Er konnte sich überhaupt nicht ausdrücken. Trotzdem brachte er es fertig mit seinen trockenen Kommentaren die anderen zum Lachen zu bringen. Sie waren von einem spröden Charme. Er brachte die Situationen einfach auf den Punkt. Seine Beobachtungen waren realitätsnah und trocken. Darin war er ein Meister. Lachen heißt heilen, und darin verstand sich Mustafa ausgezeichnet.

Wenn man eine Beziehung zu einer Klasse aufgebaut hat, die auf Ironie steht, kann man die Schüler fachlich in abstraktere Ebenen mitnehmen, in die sie ohne Ironie niemals gekommen wären. Das verstößt zwar gegen die Regel, dass die Schule Enkulturation betreiben soll. Diese hätte Normativität vorausgesetzt. Etwas, das in dieser Klasse unmöglich war.

Ihre einzigartigen Charaktere fanden ihren Ausdruck in verschiedenen Formen der Ironie: Parodie, Finger in die Wunde legen, Schwächen offen legen oder liebevoll sezieren, lustige Formen der Realität erfinden, unfassbare Dinge auf den Punkt bringen, Analogien finden. Ich hätte niemals vermutet, dass ihr Wortschatz dafür ausreichen würde. Ironie setzt bekanntlich Intelligenz beim Empfänger voraus. So war diese Hin und Her-Bewegung eine Übung im schnellen Denken. Sie war eine andere Ebene der Kommunikation: Symbole, Analogien, Parallelitäten, Vergleiche. Sinnkonstruktionen waren dieser Interaktion immanent. Simon z.B. hatte seine Freude daran, wenn der dicke Nico die Fetzen fliegen ließ. Der war nicht empfindlich, auch wenn seine Korpulenz Gegenstand der Ironie wurde. Er konterte es einfach mit einer Bemerkung über eine Schwäche des Lehrers, zum Beispiel zügellos Schokolade zu essen und keine Stunde durchzuhalten ohne das Gift, oder die begrenzten Fitness Studio Besuche des Lehrers. Irgendetwas fiel ihm immer ein, er war kein einziges Mal beleidigt wegen der Bemerkungen über seine Statur, sondern lachte darüber. Wie er wusste damit umzugehen, imponierte mir.

Pierre z.B. nannte Simon immer das lange Elend. Der war freilich noch ein kleines Kind in seinem Gemüt. Ungläubig fragte er immer wie ein kleiner Junge, was „wir" denn jetzt machen würden. Die schiere Größe und die offensichtliche Unbeholfenheit waren ein lustiger Gegensatz. Anders als Nico regte sich Simon über Kommentare auf, was das Ganze noch lustiger machte, da es ja keiner ernst gemeint hatte. Verstohlen lachte er dann in sich hinein, als die Sache aufgeklärt war. Der große Simon war eine kleine Mimose.

Wenn wir die Charaktere unserer Schüler zum Gegenstand lustiger Ironie machen, dann hat das nichts zu tun mit Lächerlichmachen. Es ist eine Art liebevolles Aufziehen. Auch der ADHS Mongole hat das gleich verstanden. Er war grobschlächtig und feinsinnig, ein Barbar und ein Künstler, er kannte keine Grenzen und hatte doch gute Manieren. Es waren diese Gegensätze, die Stoff für das liebevolle Beleidigen lieferten. Diese Gegensätze machten uns authentisch. Sie formten Individualität in uns. Das liebevolle Beleidigen war ein Spiel mit dieser Individualität. Unsere Individualität kommt darin zum Ausdruck, jeder wird so angenommen, wie er ist; das Akzeptieren von Schwächen ist eigentlich eine Würdigung unserer Individualität. Wir sind zügellos und diszipliniert, faul und ambitioniert, wir haben Vorlieben und sind das Gegenteil davon. Wir sind Morgenmuffel, können aber sehr charmant sein, wir sind Barbaren, spielen aber Klavier wie die Götter, wir sehen groß aus, sind aber kleine Kinder. Wir haben Doktortitel, stehen aber ganz nah am Gartenzwerg. Dies war unsere Welt. Die Welt der schlimmsten Klasse der Schule. Es war die schönste Zeit meines Lehrerdaseins. Ich hatte soviel Spaß wie nie zuvor. *Kinder verstehen keine Ironie* ist eine dumme Floskel. Meine Klasse hat das Gegenteil bewiesen. Sie war der Schlüssel zur Verständigung, eine Art Wertesystem der Interaktion. Wir benutzten grenzwertige und ironische Bilder, um uns zu zeigen, dass wir uns mögen, auch wenn das den schulischen Regeln der Erziehung widerspricht, war es dennoch der Schlüssel zur Beziehungsfähigkeit.

4. Potenzial

Jedes dieser Zootiere hatte ein ganz besonderes Potenzial. Das war die Gegenseite zur uferlosen Zügellosigkeit. Zum Beispiel hatte Mustafa gute Ideen in Mathematik. Immer wieder schlug er vor, diesen oder jenen Lösungsweg auszuprobieren. Er zeigte heuristisches Potential, war ambitioniert ein mathematisches Problem zu lösen. Oder Sergej: Nicht nur sein Klavierspiel war von einer dahin schmelzenden Schönheit. Er verstand es auch exzellent, die Stunden aufzuheitern. Karls gute Fragen hatte ich bereits erwähnt. Insbesondere Paul konnte seine Meinungen gut begründen. Überhaupt war ein konzentriertes Arbeiten keine Illusion, sondern durchaus möglich. Wir verbrachten die Stunden oft damit ein Phänomen oder einen Begriff zu sezieren, z.B. umtrieb uns das Phänomen, wie ein intelligenter Mensch wie der Maler Emil Nolde ein überzeugter Nazi sein konnte, der seine Kollegen verriet. Oder wir fragten danach, wie man das Phänomen der Verstrickung in einen Polizeistaat verstehen kann. Es war möglich, mit der Klasse stundenlang darüber nachzudenken. Sie waren keine Wilden. Sondern sie waren enttäuscht über das oberflächliche Wissen, das ihnen in der Schule verkauft wurde. Es war ihnen nicht genug. Ihr Drang danach verstehen zu wollen fragte nach weiteren Reflexionen, nach Auslegungen, nicht nach Kausalitäten, die man als Wissen verkaufen kann. Sie glaubten nicht an Aufzählungen und Kausalitäten, die die normative Schule ihnen bot. Insgeheim spürten sie genau, dass die Welt komplizierter ist als die Modelle, die man ihnen anbot. Sie waren angeödet von dem Schein, der ihnen als ernsthaftes Lernen verkauft wurde, ohne jemals zu einer echten Erkenntnis zu führen. Man konnte eben nicht verstehen, warum intelligente Leute Nazis wurden, wenn man Ereignisgeschichte lernt. Es sind diese Geheimnisse, die unverstandenen Ebenen der Geschichte, Mentalitäten und menschliche Schwächen, die die Stunden zu einer Entdeckungsreise werden ließen. Sie waren Sherlock Holmes, sie suchten nach Wahrheit. Auch ich als Lehrer war nicht im Besitz der

Wahrheit. So suchten wir gemeinsam nach der Wahrheit. In einem gewissen Sinn stand ich auf derselben Ebene wie sie. Ich war ein Suchender. Ich hatte natürlich das gesamte Wissen als Hintergrund. Aber ich war nicht zu einer wahren Erkenntnis gekommen. Ich suchte seit 20 Jahren. Ich nahm die Wixxer mit auf meine Suche nach der Wahrheit. Das war meine Strategie, ihre Potentiale einzubinden in meine Erkenntnissuche.

Zum Beispiel gab es Sophie, die ständig Tugenden wie Gerechtigkeit oder Anstand anführte. Das war keine sehr historistische Erkenntnisweise, aber ihre Korrelative führten zu einer lebhaften Diskussion über das Verhalten historischer Figuren. Oktan verstand es gute Metaphern zu formulieren, z.B. sei die Weimarer Republik das größte Theaterstück der Geschichte. Seine Abstraktionen wurden immer umfangreicher. Er entwickelte Freude daran, Dinge von einer höheren Ebene aus zu betrachten und zu bewerten. Er wurde ein Meister der Sinnfiguren. Die eigentliche Reise, in die ich ihre Potentiale integrierte, war die Frage, wie man etwas verstehen

kann. Schulwissen und Wissensdurst schmück-
ten die zwei Seiten der Lernmedaille. Es wurde
ihnen bewusst, dass sie in meinem Unterricht
nicht einfach Wissen vermittelt bekommen.
Sondern sie sollen fragen: Was ist Wissen? Dies
schuf in ihnen das Gefühl, keine Bittsteller oder
Empfänger zu sein, sondern sie waren in die Ent-
stehung von Wissen eingebunden. Ihre Erfahrungen wurden Teil unseres Wissens. Das ist
nicht zu unterschätzen. Das Erfahrungswissen
der Schüler konnte als neuer Scheinwerfer ein
anderes Licht auf das Schulwissen werfen. Ihnen
wurde bewusst, dass es nicht darum geht, Wissen anzuhäufen, meistens Information, sondern
darum, gute Fragen zu stellen und ihnen nach-
zuspüren. Erstaunt beobachteten sie, dass man
vier Stunden lang die Frage reflektieren kann,
was ein Nazi ist und wann man einer war. Es war
ihnen nicht klar, dass die meisten Begriffe in Geschichte Reflexionsbegriffe sind und dass die
Reflexion ergebnisoffen ist. Das kannten sie
nicht aus ihren Schulerfahrungen. Man könnte
auch sagen: Sie wurden klein gehalten. Sie lern-

ten kein Setting kennen, in dem sie selbst ein Teil des Wissens sind.

Besonders Pierre blühte darin auf, bei komplexen Fragestellungen nachzuhaken. Er wollte es genau wissen, wie man etwas, zum Beispiel den Begriff Rechter, verstehen kann.

Ihre Unkonventionalität war mir sympathisch. Sie verschwanden im Nebenraum und zogen die Masken ab. Wir wollten uns einfach mal ohne Maske unterhalten. Man könnte auch sagen, das ist menschlich. In anderen Klassen wurde man verpetzt, wenn man mal Luft holte. Die Jahre davor wurde gesammelt, gegen welche Regeln sie verstoßen haben. Das Produktive in ihnen hat keiner erkannt. Natürlich waren sie sprachlich defizitär. Aber was Ebenen des Denkens betraf, war einiges möglich. Schüler haben einen feinen Spürsinn für das Unbestimmte. Menschliches Verhalten beobachteten und bewerteten und interpretierten sie, als wäre es nicht eingebunden in Artefakte von Regeln. Das machte die Sache spannend, weil neue Apriori des Denkens auftauchten.

Diese Reise des Denkens war nicht vorherbestimmt, sondern ungewiss. Und zwar deshalb, weil das Zulassen ihrer Potentiale die Erkenntnisweise verändern konnte. So wurden wir, der Zoo und ich, zu Seefahrern, die das Land suchten. Auf diesem Boot war keiner der Chef (auch wenn alle wussten, dass ich es bin) und die anderen die Befehlsempfänger, obwohl die Autorität ganz klar verteilt war. Wir wurden eine Schicksalsgemeinschaft, die nicht umhin kam, gemeinsam zu handeln. Die Lehrer verstanden diese Metapher nicht. Sie glaubten, man müsse Wissen vermitteln. Aber damit konnte man im Zoo nur scheitern. Interessant war, dass auch schwächere Schüler sich mit auf die Suche begaben. Ihre Beiträge waren meistens von einem Perspektivenwechsel begleitet und brachten das Denken voran. Alle wurden Teil des Denkraums. Das gab ihnen das Gefühl, Teil des Geschehens zu sein und nicht nur Wissenstransferempfänger. Wir waren eine Denkgemeinschaft. Hier zählte nicht das bessere Argument, sondern Ideen des Verstehens. Karl hatte das verstanden. Seine Fragen gingen immer mehr in die Tiefe, in andere Ebenen des Verstehens. Er entwickelte eine Freude daran, dem Unverstandenen und Erklärungsbedürftigen einen Raum zu geben. Präzise und scharfsinnig legte er den Finger in das Unklare. Und zwar wollte er wirklich verstehen. Dieses Gefühl, etwas wirklich verstehen zu wollen, ist das wesentliche beim Unterrichten. Schüler wie Karl werden dadurch wissbegierig. Sie sind keine Lemminge. Sie fragen nach. Und sie fragen weiter. Sie geben sich nicht zufrieden mit vorschnellen Antworten. Das meinte ich mit der Frage *Was ist Wissen?* Seltsamerweise wurde diese Frage auf ungewöhnliche Weise vom Zoo gelebt. Sie hinterfragten narrative Konstruktionen und gaben sich nicht mit vorschnellen Erklärungen zufrieden. Sie hatten den Unterschied zwischen Erklären und Verstehen verstanden. Vielleicht kann man das als Aufsässigkeit empfinden. Ich empfand es als Bildungshandeln, zu dem ich sie verführt habe. Naivität und Komplexität fanden so zueinander. Das Komplexe auch mit geringem Hintergrund verstehen zu wollen, stellt kein Hindernis dar.

Jeder Schüler hatte Begabungen. Sie lagen oft im Verborgenen, jenseits der schulischen Lernoberfläche. Man konnte sie nur entdecken, wenn man ihnen etwas näher kommt. Fatla war schüchtern, aber selbstbewusst. Ihre zurückhaltende Art vermittelte oft den Eindruck, als wäre sie etwas minderbemittelt. Das war ganz und gar nicht der Fall. Sie war gewitzt und hatte Mitschüler in der Auffassungsgabe um Längen hinter sich gelassen. Sie war leise. Leise Individuen fallen oft durch das Raster. In ihrer leisen Art mischten sich Begriffsfreude und Verständnisschnelligkeit. Hin und wieder hakte sie nach, um komplizierte Sachverhalte für sich klar zu kriegen. Vorschnelle Klarheit war ihr nicht geheuer. Es war ihr verdächtig, wenn Modelle oder Systeme einfach zu verstehen waren. Sie war dann irritiert über deren Sachkunde. Ihre kritische Haltung war ein Lichtblick im Zoo. Sie zeigte das aber nicht durch intellektuelle Fragen, sondern durch eine ironische Reaktion. Dabei zog sie ihre Sitznachbarn in ihren Zweifel mit ein. Fatla war gefühlsstark und authentisch. Obwohl sie nicht viel dazu beitrug, die Diskussionen voranzutreiben, schaffte sie genau das. Wenn man wenig sagt, eine Diskussion voranzutreiben, ist eine Kunst. Ihre distanzierte Art gegenüber dem Zoo machte sie liebenswürdig. Sie erhob sich nie über die anderen, war aber eine schlaue Beobachterin. Ihre Schüchternheit paarte sich mit Finesse. Das war das Gegenteil zu Sergejs Extraversion. So befruchteten ganz unterschiedliche Charaktere das Klassengeschehen. Jeder war einzigartig. Das machte den Zoo zu einem Gelegenheitsmuseum.

Es ist mir ein großes Rätsel, wie man diese schlummernden Potenziale nicht hat erkennen können. Sie drängten sich mir quasi auf. Jeder Mensch dieser Klasse hatte auf seine Weise etwas einzubringen. Das Produktive daran zu nutzen war die Kunst. Ich liebte diese Charaktere. Manchmal kam es mir vor wie in einer lebendig gewordenen Zeichentrickserie. Es war lustig, produktiv und unterhaltsam. Es war eine Bühne. Alle Schauspieler waren einverstanden, dass man nicht hinter etwas Bestimmtes zurückgehen durfte: Die Ernsthaftigkeit des Denkens. Trotzdem ließen sie dieses Denken lebendig werden. Und das unterschied sie von den Lemmingen anderer Klassen, die einen viel besseren Ruf hatten.

Ich fühlte mich ziemlich wohl in dieser Umgebung. Natürlich war die Nerverei nervig. Aber das waren nur Nebelkerzen hinter dem guten Kern. Im ernsthaften Denken des Unterrichts versanken wir in der Reflexion. Das Lernen und das Lachen gehörten gleichermaßen zu ihr. Natürlich waren dazwischen auch destruktive Figuren. Der dicke Nico hatte keine Lust auf Denken. Als sie die Situation Heilbronns 1945 aus Bildern narrativieren sollten, meinte er, er sehe eine Kirche. Das gehöre zwar nicht zur Aufgabe, aber jetzt könne ich ihm keine Fünf mehr geben. Er war trotz dieses Fatalismus in mathematischen Heuristiken gar nicht schlecht. So ließ ich es geschehen..

24 einzigartige Charaktere. Dieses Theaterstück war rekordverdächtig. Spinner und Spieler, Aufreiber und Regisseure. Man begab sich auf eine Schlittschuhbahn der Pädagogik, der schlechte Ruf hallte ihnen hinterher. Es war eine schöne Zeit, deswegen, weil sie so authentisch waren. Sie spielten keine Rollen. Sie waren authentisch. Das machte die Sache ehrlich. Es war die Voraussetzung unserer Beziehung. Sie spielten kein Spiel, obwohl ihnen genau das vorgeworfen wurde. Sie waren so, wie sie waren. Das erleichterte die Sache sehr. Also war ich auch, wie ich war, nicht der tadelnde Lehrer. Manisch obsessiv, Müllhaufen, Mercedes. Unsere Einzigartigkeit war das Elixier der Lehrer-Schüler-Beziehung. Sie waren, wie sie waren, und das machte die Wixxer liebenswürdig. Man konnte sicher gehen, niemals verraten oder in Geschichten falsch dargestellt zu werden. Man konnte sich auf sie verlassen. Sie hielten zu einem, wenn es brenzlig wurde. Sie zeigten sehr wohl Respekt vor meinen Bildungsgraden oder meinem Wissen. Es war keine Distanzlosigkeit. Lie-

bevolles Beleidigen und Respekt wurden gleichzeitig gelebt.

5. Einzigartigkeit

Das Konglomerat und die Beziehungsgefüge dieser Klasse waren einzigartig. Sie waren bekannt als besonderes Team im Stören. Wurden sie jetzt auch ein produktives Team im Denken? Sie hatten Choreographien entwickelt für das Stören. Vorne grinste jemand, hinten fingen welche an zu lachen. Man wurde wahnsinnig, weil sich überall Lust am Stören entwickelte. Eine interaktive Diskursivität suchte man vergebens. Die verschworene Einzigartigkeit galt es zu verwandeln in konstruktive Reflexivität. Wenn sie merkten, dass ein Thema interessant war, wurden diese Störungen zurückgefahren. Wie konnte man die geschlossene Front gegen den Lehrer so beeinflussen, dass Produktivität entstand? Zunächst einmal waren sie offen für eine Reflexion menschlichen Verhaltens, und das war der Schlüssel für ihre Aufmerksamkeit. Wo sie sich benahmen wie Wilde, hatten sie dennoch so etwas wie einen Wertekanon, eine Art Lebensphilosophie. Ethische Dilemmata zogen sie deswegen an. Wie kann man das Verhalten eines Familienvaters werten, der seine Überzeugungen verrät, indem er den Nationalsozialisten beitritt, um seinen Job zu behalten? Ist das unanständig oder feige? Notwendig? Es galt, schwierige Lebensentscheidungen zur Diskussion zu bringen. Dann plötzlich führten sie Werte an, von denen man dachte, sie würden sie niemals leben. Jugendliche, die sich benehmen wie ein Zoo, aber überzeugt sind von bestimmten Werten wie Treue oder Standhaftigkeit, diese Zusammenstellung fand man nur hier. Die Aufgabe war, ihre Überzeugungen in ein internalisiertes Verhalten zu transformieren.

Ein zweiter Aspekt ihrer Einzigartigkeit war ihre Offenheit. Man kann auch Direktheit dazu sagen. Sie würden dir ins Gesicht sagen, was sie scheiße finden an dir. Es bestand keine Taktik des Lavierens. Sie würden nicht überlegen, was der Lehrer hören möchte. Und genau das machte die Stunden zu einer echten Gesprächssituation. Weil die Auseinandersetzung echt war, konnte man etwas bewirken in ihnen. Sich in andere Perspektiven hineinzuversetzen, das fiel ihnen viel leichter als anderen. Durchaus waren sie für größere Erkenntnisfortschritte offen. Ihre Wildheit war das Feuer der Diskussion. Sie waren in ihrem So-Sein eingebunden in die Gesprächskultur und wurden ernst genommen. Sie waren Wixxer, aber sie waren sehr originell. Man konnte nicht anders als sich für ihre Meinungen zu interessieren. Besonders Pierre hatte so eine Art, Verhalten zu hinterfragen. Er klopfte es ab nach Mut, Feigheit, Ehrlichkeit, Taktik. Stets war er der Anwalt der Schicksalsgetriebenen. Feinfühlig rekonstruierte er die Gefühlswelt von Figuren und spürte ihrem Dilemma nach. Seltsamerweise ist das Diskutieren über Werte in wertentwurzelten Klassen besonders erfolgreich. Leise und laute Schüler kommen gleichermaßen aus sich heraus. Es war die Stunde von Sophie, Geländer wie Anstand und füreinander einzustehen zu verteidigen.

Drittens hatten sie Ehrgeiz, verhielten sich aber wie Irre. Ihr Ehrgeiz zielte nicht auf Noten, sondern auf die Ausschaltung des Feindes. Sie kannten keine Grenzen darin, ihre Kreativität zu nutzen, um Interpretationsansätze anderer zu dekonstruieren. Besonders Paul hatte eine Vorliebe darin, andere zu widerlegen. Er war nicht sehr intellektuell, aber ambitioniert darin, das Oberwasser im Diskutieren zu behalten. Alle Battles legten einen Schalter in ihm um. Warum also das historische Diskutieren nicht als ein Battle inszenieren? So wurden die Stunden eigentlich zu einem wissenschaftlichen Seminar, obwohl der Hintergrund ein anderes Milieu spiegelte.

Die vierte Besonderheit war, dass die Wixxer einem nicht böse sein konnten und jeder Tag ein Neuanfang war. Das heißt, unsere Stunden waren frei von Autoritätsgeplänkel. Man konnte einfach offen und unbelastet Neues ausprobieren. Das schätzte ich sehr an ihnen. Sie waren nicht nachtragend. Das bedeutet ganz besondere Taten jeden Tag aufs Neue. Die Schaffenskraft war weder von vorhergehenden Ereignissen noch von Vorurteilen belastet. Wir begegneten uns jeden Tag aufs Neue, obwohl wir uns kannten wie alte Freunde. Der Unterricht wurde dadurch nicht zur Routine, denn er war ein Projekt. Wir waren alte Bekannte, und wir waren gemeinsam Lernende. Wie Autofahrer auf gemeinsamer Tour. Wie Bonni und Cyde. Man wusste nie, was die Fahrt mit sich bringt. Ob man Abenteuer dazu sagen kann, das weiß ich nicht. Irgendwie war es ein Abenteuer. Es war etwas ganz Neues nach fast 30 Jahren. Ich wurde ein Lernender. Als Profi. Die Herausforderung zu führen und zugleich zu lernen hätte nicht größer sein können. In diesen zwei Jahren habe ich so viel gelernt über Klassenführung, Didaktik von Fächern und ihren Einsatz, und Menschenkenntnis. Über den Charakter von Menschen. Und darüber, wie das System an ihnen vorbei funktionieren kann. Fahrer und Beifahrer waren füreinander verantwortlich. Das war das große Gefühl, das ihnen die Wildnis nahm.

Man hätte die Wixxer auch stehen lassen können. Vorbeifahren. Aber sie waren so interessant. Das große Kind und der dicke Nico, der fra-
gestellende Karl und der Barbar, der ein Pianist
war, die Sozialarbeiterin und Menschenkennerin
Anna und die vielen anderen Charaktere. Sie bo-
ten mir etwas, das meinen pädagogischen Ehrgeiz beflügelte. Und ein väterliches Gefühl. Eine
Art Happen im Verdursten. Routinen hatten sich
längst eingeschliffen. Es war langweilig geworden. Aus der Neuroreha kann ich das beurteilen.
Wenn man ganz am Boden liegt, nach einem
Schlaganfall, dann verklären sich Herausforderungen. Aber ich glaube nicht, dass hier eine
Verklärung vorliegt. Ich empfand sie wirklich als
spannende Gruppe, die nach etwas Neuem
schrie inmitten des öden Schulalltags mit seinen
kleingeistigen Beschränkungen. Vielleicht war
das unsere Gemeinsamkeit: Auszubrechen aus
dem Wahnsinn. Dem Simulieren von   Lernen
durch äußere Procedere. Den sinnlosen Verbo-
ten. Dem Gefängnisgefühl. Der Hoffnungslosig-
keit, dass da nichts Neues kommt. Dem Gefan-

gensein in der entwürdigenden Spießigkeit. Der Verbotskultur. Dem Spiel ohne Rollendistanz. Dem Glauben, das sei wirklich Lernen, tote Materie zu replizieren. Dem Gefühl, eine anonyme Nummer zu sein. Dem Durchlauferhitzer des Wissens.

Wir waren Verbündete. Gegen das System, und die anderen. Die anderen Klassen spürten das. Insgeheim hofften sie, auch eine Möglichkeit des Ausbruchs zu bekommen. Ich trug Anzüge, war für die Wixxer aber der unkonventionellste Typ der Schule. Gemeinsam gegen das System, das gefiel ihnen. Ich wurde sozusagen ihr Anwalt. Leider ruinierte das stellenweise meinen Ruf und die Beziehung zu Kollegen. Wie konnte man es wagen, von Lehrern etwas mehr Gelassenheit einzufordern. Dinge, die offensichtlich harmlos waren, wurden in einem übertriebenen Sinn als Regelverstoß geahndet. Und das forderte man auch von mir, selbst wenn ich gar nichts damit zu tun hatte. Ich wusste einerseits, dass ich Repräsentant eines stupiden Systems war. Andererseits wusste ich, dass ihre Einzigartigkeit und ihre Wildnis Chancen für unser Lernen bargen. Natürlich wussten sie das ebenfalls. Sie haben es aber kein einziges Mal ausgenutzt. Ihnen war mein Dilemma bewusst. Sie wollten aber ihre Chance nicht aufs Spiel setzen. Auch für sie war es ein Abenteuer.

Grenzüberschreitungen produktiv fürs Lernen einzusetzen war etwas ganz Neues für sie. In einem gewissen Sinn nutzten sie meine fehlende Konformität, und ich ließ es geschehen. Ich wurde aber nicht von Schülern benutzt. Berechnung war ihnen nicht zu eigen. Es war kein Kalkül, sondern eine Sehnsucht, der sie folgten. Sie bestand darin verstanden zu werden und sich dann ein wenig frei zu fühlen. Diesen Gefallen habe ich ihnen gern getan. Mein pädagogisches Bergsteigen hatte noch Luft nach oben. So wurde ich zum Geschäftsführer eines Zoos.

6. Fachdidaktik zuletzt

Wenn man als Lehrer unterrichten lernt, begegnen einem Methoden und Stundenentwürfe. Schülercharaktere kaum. Sie einzubinden in ein pädagogisches Handeln, ist eine Kunst. Man lernt es nicht in den Seminaren, die menschlichen Schwächen konstruktiv zu nutzen für die Fachlichkeit. Zum Beispiel geht es in Geschichte um das sinnbildende Narrativieren. Was wäre dafür besser prädestiniert als ihre eigenen Wertvorstellungen, wenn man über das Handeln der historischen Figuren erzählt? Sie haben verstanden, dass Wissenschaftlichkeit kein geschlossenes System ist, sondern den Diskurs braucht, ihre Erfahrungen und Weltsichten, ihre Welt, und dass der Blick ganz verschieden sein kann. Es ist kein anonymes Sakrileg. Wenn man wissen will, wie das Opfer und der Intellektuelle Emil Nolde ein überzeugter Nazi wurde, kann man Verstehensmodelle entwickeln, die ihren Blick enthalten, und dann die Modelle diskutieren. So geriet der Unterricht von der Wissensvermittlung zur Verhandlung von Denkstilen. Besonders Karl wusste das zu schätzen, weil dieses Setting immer darauf aus ist, noch mehr wissen zu wollen. Als Diskutanten erkannte man die Wilden nicht wieder. Problemorientierte Kommunikation machte aus ihnen streitende Lernende. Und zwar wollten sie verstehen; das Wissen wurde ihnen nicht angedient, es wurde lebendig beim Denken. Auch in Mathematik schliff sich ein suchendes Probieren ein. Sie lachten nicht oder beschäftigten sich anderweitig, wenn auch ich zunächst einen Weg suchte. Sondern sie schlugen eigene Wege vor und wir probierten sie aus. So zivilisierte sich die Atmosphäre, weil jeder etwas Bedeutsames zu sagen haben konnte. Es war Pierre, der zum Beispiel aus der Emotionalität heraus Beiträge einbrachte, wenn es um das Handeln von Figuren geht. Es ist egal, ob die Beiträge emotional sind. Wenn sie einen neuen Aspekt einführten oder um Verstehen bemüht sind, können sie nur helfen. Sie waren unbekümmert in ihren Äußerungen. Das machte die Sache interessant, weil ganz unterschiedliche Charaktere und Erfahrungen zu neuen Blickwinkeln führten. Das konnte man z. B. gut nutzen für die multiperspektivische Problembearbeitung. Während Pierre Werte abklopfte, stellte Paul die Zweckmäßigkeit von Handeln infrage. Fatla wiederum ging es um die Absicht hinter einer Handlung. So führten ganz unterschiedliche Aspekte dazu, dass sie miteinander diskutierten. Ein anderer Aspekt, die Re- und Dekonstruktion von Erzählungen, wurde ebenfalls von ihnen gelebt. Sie glaubten nicht alle Textdarstellungen, sie hatten natürliche Zweifel. Das war sehr gut. Man konnte an ihrem Eindruck ansetzen und von da aus Textanalyse machen. Ihre sprachlichen Defizite taten dem Analysegespür keinen Abbruch. Sie spürten Widersprüche und Erzählbilder auf. Dabei half ihnen ihr natürlicher Eindruck, ihre Erfahrungen. Mustafa war stark darin, menschliche Schwächen und Situationen zu deuten. Er hatte ein natürliches Empfinden für die Bedeutung menschlichen Verhaltens. Plump kommentierte er es punktgenau. Seine Festnagelung auf die wichtigste Bedeutung war treffsicher. Er konnte zielgetreu Sinn erkennen.

Es war nur möglich, Gespräche zu führen über Geschichte, wenn sie einen persönlichen Bezug hatten. Dann war Feuer in der Diskussion. Es ist egal, ob Schüler sprachliche Mängel aufweisen. Es geht um die Ebenen des Denkens. Darin waren sie gar nicht schlecht. Man muss aber sagen, dass ohne die Beziehungsebene nichts gegangen wäre.

Die Wixxer waren nette Menschen. Meistens. Sie konnten sich auch benehmen wie Arschlochkinder. In jedem Fall waren sie authentisch, und das erleichterte die Sache sehr. Ihre Welt war der Kampf gegen gespielte Autorität und sinnlose Regelsysteme. Dann kamen sie zu mir und der Kaffeemaschine. Wir blieben keine Schicksalsgemeinschaft, sondern wurden eine Gemeinschaft. Auch die Zusammenarbeit mit ihren Eltern war respektvoll und hervorragend. Sie lehrten mich, Verständnis für ihre Nöte und Situation zu haben und manchmal den Lehrplan kreativ zu deuten. Sie lehrten mich, dass jeder Schüler es wert ist, verstanden zu werden in seinem So-Sein. Obwohl sie Wixxer waren, lehrten sie mich Menschlichkeit in einem unmenschlichen System.

Hintergrund des Buches

Ich befinde mich in der Neuroreha nach einem Schlaganfall, nachdem ihn die Notaufnahme zweimal nicht erkannte und mich wegschickte. Als wäre das nicht genug, stellte man auch eine coronare Herzerkrankung fest, und ein Unfall tat sein übriges. Ich liebe meinen Beruf und will wieder arbeiten. Ob alle Paresen gemildert werden können, weiß ich nicht. Aber diese Klasse hat mein Lehrerverständnis nochmal sehr verändert. Ich weiß nicht, ob man mit den Jahren milder wird. Aber ich weiß, dass ich alles dafür tun werde, um diesen tollen Beruf wieder auszuüben.

Alle Namen sind Phantasienamen